Luca D.

Erschienen bei FISCHER Duden Kinderbuch

© 2018 S. Fischer Verlag GmbH,
Hedderichstr. 114, D-60596 Frankfurt am Main
„Duden" ist eine eingetragene Marke
des Verlags Bibliographisches Institut GmbH, Berlin.

Fachberatung: Ulrike Holzwarth-Raether
Layout: Farnschläder & Mahlstedt, Hamburg
Umschlagkonzept: Frauke Schneider, Wittighausen
Umschlaglayout: Mischa Acker, Brühl

Druck und Bindung:
Grafisches Centrum Cuno GmbH & Co. KG, Calbe
Printed in Germany
ISBN 978-3-7373-3357-3

Ein verrückter Besuch beim Tierarzt

Mit Bildern lesen lernen

Alexandra Fischer-Hunold

mit Bildern von
Sabine Kraushaar

FISCHER Duden Kinderbuch

Inhalt

Im Wartezimmer

Such mal!

Katze

Leine

Katzenbox

Tierarzthelferin

Tierarzt

Schildkröte

Liam liegt mit seiner

auf dem  .

Seine 🐱 heißt Mo.

Ihre 👂 👂 kitzeln Liam an der 🖐 .

Da kommt Mama ins Zimmer.

Sie hat die 🧺 in der ✋ .

Die  entdeckt die

und springt vom  auf den .

Dann klettert sie ins 🗄.

Schnell huscht sie hinter die 📚.

Man sieht nur noch ihre 👂 👂.

Liam steigt auf einen

und streckt die   nach Mo aus.

Vorsichtig schiebt er die  weg.

„Wir müssen zum ", sagt er

und nimmt seine  auf den .

Dann sind sie da.

Liam öffnet die  .

Eine sitzt an einem  .

Sie schaut auf den

und hat das am .

Mama deutet auf die  .

Die nickt. Alles klar!

Sie zeigt auf zwei freie  .

Liam, Mo und Mama warten.

Eine  streichelt ihren 🐕 .

Ein 👦 und ein 👧 sind

mit ihrem 🐹 gekommen.

14

Dann entdeckt Liam noch zwei

und einen  mit einer  .

Liam macht große .

 kennt er nur aus dem .

Da bimmelt die kleine   an der .

Ein  kommt ins ▭ .

Sie hat einen 🐕 an der ⌒ .

Das 👧 kennt Liam doch!

Es ist Jana aus seiner Klasse.

Und ihr 🐕 heißt Oskar.

Sofort stellt der  sein Fell auf.

Seine   zuckt.

Er knurrt leise durch die

und zerrt an der   .

Er hat die   entdeckt.

Jana setzt sich und

hält ihn fest.

17

Seltsame Geräusche

Profifrage

Weißt du, was man mit dem und dem macht?

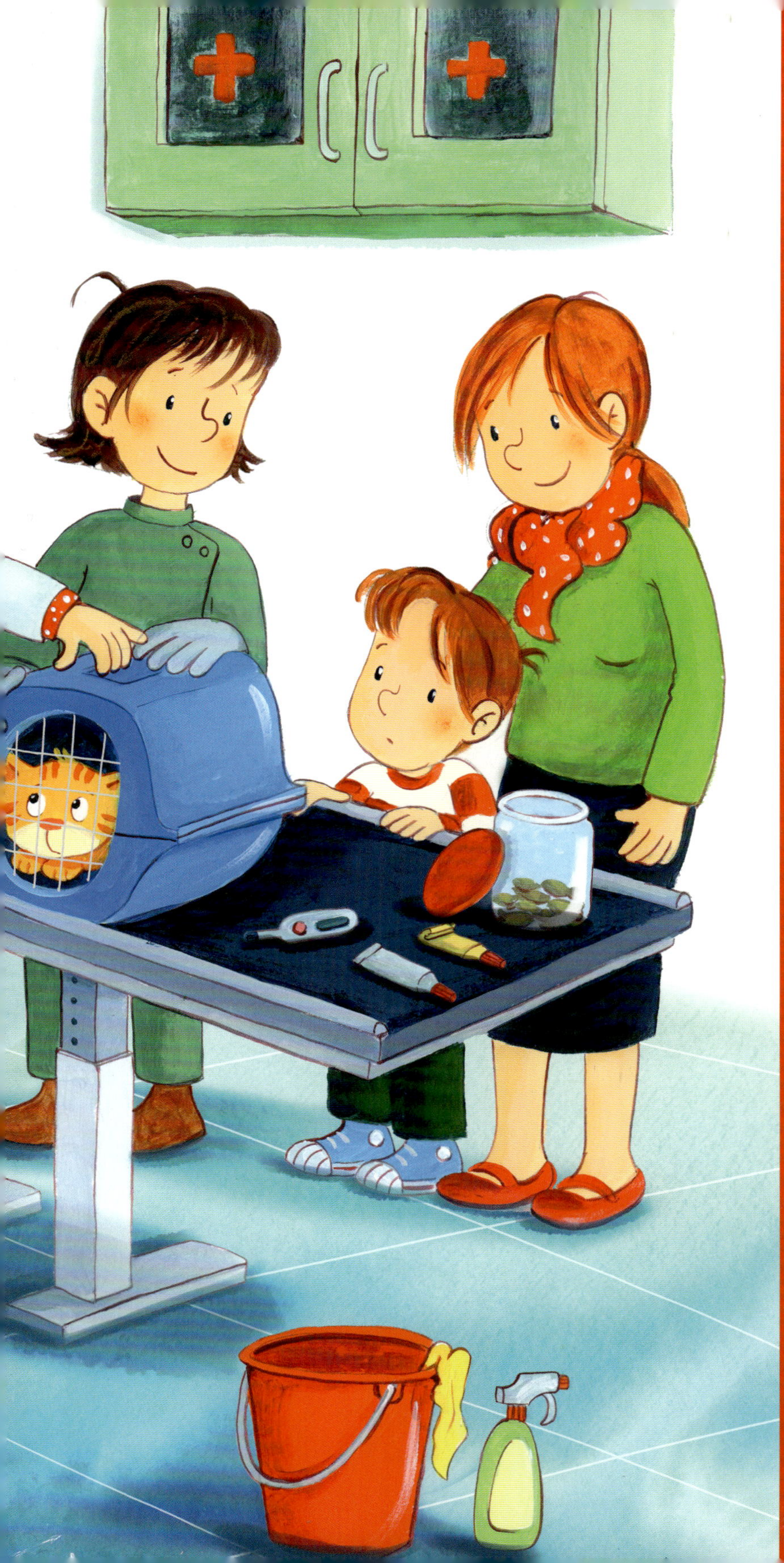

Such mal!

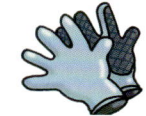

Handschuhe

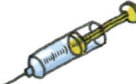

Spritze

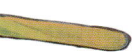

Spatel

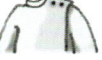

Kittel

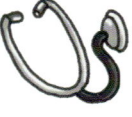

Stethoskop

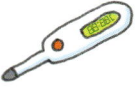

Thermometer

Eine zweite

steckt den 👧← ins 📚 .

Sie ruft einen nach

dem anderen auf.

Endlich sagt sie:

„Der Nächste, bitte!

Die 🐱 Mo ist dran."

„Hallo, ihr drei!", grüßt der

im Behandlungszimmer.

Er sitzt in einem weißen

vor dem  .

Liam stellt die  auf den  .

Mos blitzen hinter dem  .

„Bekommt Mo heute ihre ?",

fragt der .

Mama nickt mit dem .

Vorsichtig nimmt die

die aus der .

Der streicht der über das Fell.

Dann untersucht er Mo.

Liam schaut mit großen  zu.

Zuerst schaut der in Mos .

Nun guckt er ins .

Danach tastet er den  ab.

Dann misst er mit dem

die Temperatur.

Mit dem  hört er Mos  ab.

hoch. Mo ist kerngesund.

Hinter Liam poltert es.

Er dreht sich um.

Da ist der Raum

für die Operationen.

Die 🚪 ist angelehnt.

Wer versteckt sich dahinter?

24

Liam sieht  .

Einige haben viele  .

Er sieht auch einen

und einen offenen  .

Die 🪔 schaukelt

verdächtig hin und her.

Liams ❤️ klopft schneller.

25

„Jetzt bekommst du deine  ",

sagt der  .

Die 🐱 macht einen 🐈

und zeigt ihre spitzen 🦷 .

Schnell steht Liam wieder am 🛋️ .

Die  hat sich

 angezogen.

Mos →🐾 sind ganz schön scharf.

Da flattert ein  durch

den Spalt in der Tür herein!

Seine   sind bunt.

„Der Nächste, bitte!", sagt er

und fliegt auf die

des  .

27

Der  lacht.

„Hast du wieder die ▦ geknackt?"

Die  hält Liam

eine 🥫 mit 🌰 hin.

Sie sagt: „Damit locken wir

den 🦜 in den 🗝️ zurück."

28

Liam nimmt ein paar  .

Plötzlich schreit der

mit aufgestellten  :

„Der Nächste, bitte!"

Schon geht die

zum  auf ...

Die Verfolgungsjagd

Profifrage

Wie viele Säugetiere siehst du?

Such mal!

Gras

Baum

Büsche

Ast

Teich

Stamm

O nein! Jana und ihr

kommen ins Behandlungszimmer.

Die 🐱 faucht. Der 🐶 bellt.

Der 🦜 flattert ins 🗄️ .

Die 🐱 rast hinterher.

Und der 🐶 folgt der 🐱 .

So jagen die 🦜🐱🐶 durch das 🗄️ .

„Bitte die

nach draußen zulassen!",

ruft der .

Aber da kommt

Oma Driesen in die Praxis.

Sie will ihren  abholen.

Sie hat den

von draußen nicht gehört.

33

 , und

sausen an Oma Driesen vorbei.

Sie rasen in den   nebenan .

Liam, Mama, Jana, der

und alle aus dem

rennen hinterher.

Alle laufen durch das hohe  ,

unter den  hindurch

und an vielen  vorbei.

Jetzt geht es über eine  .

Fast fällt Liam in den

mit den  .

Aber Jana hält ihn am  fest.

Mama streckt den 👇 aus.

Ganz oben im 🌳 hockt der 🦜.

Die 🐱 klettert den 🌳 hinauf.

Und der 🐕?

Der bellt den 🌳 an.

Liam streckt die

mit den  aus

und zwinkert Jana zu.

Der  entdeckt die  .

Er flattert sofort auf Liams  .

Oma Driesen keucht um die  .

Sie hat den  dabei.

Da kommt der   jetzt rein.

Die 🐱 legt sich auf einen 🌿

und leckt ihre 🦶 .

Der 🐕 hopst herum wie ein 🔴.

„Oskar, bei 🦶!", ruft Jana.

Doch der 🐕 dreht nicht mal den .

Liam ruft laut nach Mo.

Endlich hat die 🐈 genug

und klettert vom 🌳 hinab.

„Bei 🦶!", ruft Jana wieder.

Nun kommt ihr 🐕 langsam herbei.

Jetzt atmen sie alle tief durch.

Dann muss Oma Driesen lachen.

„Was für ein Durcheinander!"

Dafür schenkt sie jetzt jedem

einen großen, leckeren  .

Lösungen:

S. 8–9: Katze, Kinder, Kiste, Kaninchen, Karotte, Katzenbox, Kittel, Kette …

S. 18–19: Mit dem Stethoskop hört man jemanden ab. Mit dem Thermometer misst man die Temperatur.

S. 30–31: Katze und Hund sind Säugetiere.

Die Wörter zu den Bildern:

 Katze

 Sofa

 Leine

  Ohren

 Katzenbox

 Nase

 Tierarzthelferin

 Hand

 Tierarzt

 Tisch

 Schildkröte

 Regal

 Bücher

 Junge

 Sessel

 Mädchen

 Arm

 Meerschweinchen

 Tür

 Kaninchen

 Schreibtisch

 Junge

 Computer

  Augen

 Telefon

 Schildkröten

 Ohr

 Fernseher

 Stühle

 Glocke

 Frau

 Mädchen

 Hund

 Wartezimmer

 Hund

 Tisch

 Nase

 Augen

 Zähne

 Gitter

 Handschuhe

 Kopf

 Spritze

 Maul

 Spatel

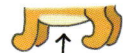 Bauch

 Kittel

 Herz

 Stethoskop

 Daumen

 Thermometer

  Schränke

 Tierarzthelferin

 Schubladen

 Kopf

 Vogelkäfig

	Lampe		Büsche
	Buckel		Ast
	Krallen		Teich
	Papagei		Stamm
	Federn		Tiere
	Schulter		Park
	Käfigtür		Bäume
	Dose		Brücke
	Pistazien		Goldfische
	Gras		Pullover
	Baum		Finger

	Schulter		Fuß
	Ecke		Kopf
	Pfoten		Keks
	Ball